AF479408

MON CANDIDAT

A LA

PRÉSIDENCE DE LA RÉPUBLIQUE.

Mes concitoyens,

Je suis, il est vrai, sans renommée, sans fortune, sans camaraderie, sans appui; mais chargé d'ans, d'infirmités, d'humbles services dévoués à mon pays; et j'ai recueilli des observations sur les hommes et les choses des siècles passés et du présent, et des pensées de quelque portée sur l'avenir.

A 22 ans, en novembre 1793, j'ai refusé d'être général, à la place du général Songis que l'on destituait, je n'étais que lieutenant en second dans l'artillerie; et, huit jours avant, j'avais accepté et je remplissais avec ardeur la fonction laborieuse et gratuite de juge-de-paix militaire, destiné à l'évacuation des prisons de Lille, encombrées de jeunes militaires, oubliés de un à six mois, et appartenant à toutes les armées de la première République.

Je suis le doyen d'âge, et peut-être le seul survivant, des dix premiers aspirants d'artillerie de la fameuse promotion de juin 1793, dont le général Drouot était le premier, et moi le neuvième. Pendant le mois de juillet j'ai fait à Metz mon apprentissage des manœuvres d'artillerie avec Drouot, Foy, Paul Courier, Conlommiers, Corda et autres.

Dès que je l'ai pu faire honorablement, à la paix de Campo-Formio, en 17⅔, étant capitaine, j'ai quitté le

1

1849

service militaire que je n'avais embrassé que comme défenseur volontaire de mon pays envahi. Et j'ai repris le cours de mes études sur les sciences appliquées et la philosophie.

C'est comme géomètre, comme philosophe, comme économiste, comme ayant en aversion les sauvages ennemis de l'ordre, de la concorde et de la prospérité publique, c'est comme ami de mon pays, ami des hommes et de la religion, que je prends la liberté de vous adresser ces paroles.

Le général Cavaignac sera certainement président de la République, si vous avez lu avec fruit quelques ouvrages sur l'amélioration pacifique du sort matériel et moral des *bons ouvriers*, sans qu'il en doive coûter aux classes supérieures, qui devront continuer de s'enrichir et de s'élever encore plus que jamais ; et si vous avez pu y lire ce qui suit :

« Les ouvriers des fabriques et de l'agriculture, c'est la *multitude*, c'est la grande majorité des électeurs. Quand on flatte leurs passions, leur crédulité, leur fanatisme, leurs préjugés, leurs intérêts vulgaires, on peut espérer de les séduire dans une occasion imprévue. Mais, passions, préjugés, intérêts du moment sont choses variables avec le temps et le lieu, et dont on peut triompher, à l'aide de la vérité pure et de la droiture du caractère. Adressez-vous à leur bon sens, à leurs cœurs, à leur amour du bien public, à la garantie d'un meilleur avenir pour leurs enfants ; vous fixerez leurs suffrages ; et dans toutes les communes. Peignez leurs maux si anciens et déplorables, causés dans les siècles de ténèbres, non par un homme, ni par une classe de mortels dépravés, mais par le fait de tous les vivants, sans exception depuis quatre mille ans, plongés dans l'ignorance, dans l'incrédulité, dans la superstition, dans l'égoïsme.... Montrez-leur quelques hommes éclairés, commençant à compâtir à leurs souffrances, et à ouvrir les yeux sur les seuls moyens praticables d'améliorer par degrés leur sort matériel et moral, et de les amener peu à peu au bien-être. Montrez-leur prêt à naître, et devant grossir chaque jour, le capital, nul aujourd'hui, et suffisant bientôt

pour commencer, dès cette année, l'œuvre du rehausse-
ment de la condition des travailleurs paisibles des villes et
des campagnes, sans que ce soit aux dépens des riches ;
mais au prix des soins d'une administration nouvelle,
populaire, active, bien rétribuée, et dont tous les actes
seront journellement soumis au contrôle de la publicité,
sur tous les points de la France.

C'est Dieu lui-même, dont l'amour pour nous et dont la
sagesse ont préparé de tout temps le capital nécessaire à
procurer, d'abord du soulagement à tous ceux qui sont
aujourd'hui dans le dénuement ; et ensuite par degrés le
bien-être à jamais aux travailleurs consciencieux. C'est la
Providence divine qui a déposé dans les entrailles de la
terre, et à diverses profondeurs, une myriade de mines de
houille et d'autres substances précieuses ; c'est elle aussi,
qui a mis dans l'intelligence française une multitude de
découvertes à naître, qui par conséquent n'ont pas encore
de propriétaires personnels connus, si ce n'est de Dieu.
Ces trésors sont la propriété de l'Etat ; leurs revenus,
amassés durant quelques siècles, surpasseront annuellement
cent fois le revenu agricole, si envié par les hommes
ignorants, paresseux et barbares.

» Les trois derniers siècles ont été de plus en plus féconds
en miracles inventionnels, qui ont élevé, au pair du revenu
agricole actuel, le revenu industriel, qui d'abord n'était que
le quart du premier, qui, de son côté, a doublé. Ce qui
donne à notre industrie une marche quatre fois plus rapide
que celle de l'agriculture, qui en 300 ans ne pourra pas
toujours doubler.

» La dernière période de 30 ans a augmenté notre revenu
industriel général de 1 milliard, dont le revenu fiscal est de
10 millions, patente effective, taxée au centième de la vente ;
tandis que pour l'agriculture le taux de l'impôt fiscal est au
delà de 5 centièmes de la vente. Et cela est justice ; pour les
deux motifs : l'industrie a plus de chances de ruine et elle
a toujours été moins protégée.

» Le dernier milliard d'accru industriel nous a été ac-
cordé, malgré notre privation d'écoles professionnelles, industrielles et commerciales ; malgré notre privation de livres

élémentaires, notre disette d'hommes expérimentés et laborieux; malgré l'absence de toute protection de la part du pouvoir et des lois, et nonobstant l'opposition de l'opinion publique, maintenue dans l'ignorance et dans l'apathie; enfin nonobstant la défiance des capitalistes, les entraves, les vexations, et les formalités des anciens gouvernements tracassiers.

» Donc, lorsque sous la République, sage et protectrice de l'intérêt national, il va être institué pour la jeunesse mitoyenne quelques écoles régionales industrielles, agricoles, commerciales, qui ne nuiront pas à la culture des lettres et des hautes sciences, par les esprits privilégiés qui y seront disposés par la nature; quand, des communications continuelles et actives entre les fabricants et les cultivateurs de tous les départements, d'une part, et, d'autre part, le pouvoir central avec ses consulats à l'étranger, il va naître une émulation notable d'études, de créations industrielles et de confiance;

» Quand il sera institué des encouragements, des distinctions et des récompenses à l'agriculture et aux arts mécaniques; et par dessus tout une administration spéciale, paternelle, éclairée, favorable au progrès, qui a sous les yeux, aussi clairement que le ministre de la guerre a le contrôle des soldats. de leurs régiments et de leurs garnisons, le tableau général des ouvriers, de leurs traités avec des patrons; le tableau des travaux publics à exécuter sur les divers points du territoire; quand on aura érigé un tribunal spécial, composé d'homme de science, d'expérience, de travail et de jurisprudence, bien rétribués pour chaque opération consciencieuse; tribunal chargé de juger, en peu de jonrs, une véritable découverte, de publier son jugement, appuyé au besoin sur une expérience; et de protéger efficacement une invention, l'inventeur, le capitaliste, leurs ouvriers et le public; ce qui fera gagner à l'exploitation ses dix ou quinze premières années, qui, jusqu'à présent, ont été perdues en chicanes, en procès scandaleux et en spoliations. Donc à l'aide de ces institutions, les trente années qui commencent avec la République auront aussi produit leur accroissement inventionnel de au moins 1 milliard; et désormais cet accru trenténaire du revenu annuel sera aussi vulgaire que la récolte d'un champ en culture.

» De plus, les brevetés, heureux et reconnaissants d'être affranchis des chicanes des anciennes administrations ignorantes, et d'être protégés par une autorité bienveillante et éclairée, consentiront de bon cœur à élever leur patente à 3 centièmes de leur vente; surtout si quelque distinction est attachée à la nouvelle propriété industrielle, comme son inscription sur un grand livre spécial.

» L'état, véritable propriétaire des mines, ainsi que des inventions, qui de temps en temps nous paraissent, comme sortant des mains du créateur, continuera d'abandonner sa part et celle des classes riches aux inventeurs, aux capitalistes, et à leurs actionnaires, qui sont, plus que lui-même, aptes à accroître la richesse générale. Mais ayant désormais les yeux ouverts sur l'intention manifeste de la providence, il fera servir une petite fraction des trésors qui vont naître à soulager les classes prolétaires, qui jusqu'ici délaissées depuis des siècles, n'en ont que des droits plus sacrés à la protection du pouvoir et des aînés de la société.

» Pour cette œuvre de réconciliation avec Dieu et nos frères souffrants, le gouvernement populaire de la République consacrera longtemps la totalité du revenu fiscal, *trois centièmes de la seule industrie inventionnelle*, sans rien changer à la patente réglée sur l'industrie anciennement établie, qui a ses possesseurs connus, et ses droits fondés sur une longue possession.

» Ainsi, en commençant aujourd'hui à zéro, acquérant chaque année le revenu d'environ 1 million, la caisse des travailleurs aura dans trente ans, en propre, le revenu annuel 30 millions. Et ce revenu continuant d'exister aux générations suivantes, la caisse aura le revenu annuel 60 millions, 90 millions,..... aux générations deuxième, troisième....

» Le budget de la classe inférieure ne peut donc trop tôt être annoncé, proclamé, afin de consoler dès aujourd'hui les plus infortunés des ouvriers des champs et des fabriques, d'ouvrir leurs cœurs à un meilleur avenir, et à la reconnaissance envers Dieu et envers leurs frères aînés. Afin, aussi, d'apaiser la conscience des Représentants timorés, qui tout en regrettant l'impuissance momentanée, pour l'État, de venir énergiquement au secours des travailleurs, craignaient, en employant un mot trop explicite , de compromettre la fortune publique. Afin , surtout, d'apaiser les esprits irrités, et trop absolus; d'arracher les armes de leurs mains violentes, en leur montrant une autre solution, mais, pacifique et patriotique du problème des misères de la multitude.

» Ce budget providentiel, en fonctionnant avec ordre , mesure et sagesse, dès les années prochaines, va rattacher les prolétaires au travail actif, améliorer la condition des plus pauvres, et plus tard, les amener à l'aisance, qui sera la récompense de l'accomplissement constaté de leurs devoirs. Ce budget va opérer le prodige de ressusciter le crédit, et de ramener quelques jours, plus tôt, la confiance dans la masse des petits capitalistes , qui s'abstenaient des achats ordinaires , sous la préoccupation de la nécessité d'un effort irréalisable pour venir au secours de la multitude des familles pauvres.

» On le voit , ce bien-être des prolétaires, et de toute la nation, n'exigera que les soins d'une administration bien rétribuée : mais d'ailleurs n'enlevera pas un centime aux riches , ni au trésor, ni aux fabricants et aux cultivateurs. Il ne causera aucun préjudice aux lettres , aux arts , aux sciences. Au contraire , tandis que le pauvre s'élevera petit à petit au matériel comme au moral, à l'aide des 3 centièmes des nouvelles richesses industrielles, les classes supérieures se rehausseront en fortune, en science et en moralité, par la puissance des 97 centièmes des mêmes richesses. Et le spectacle de la France, heureuse et unie, frappera d'admiration et de sympathie les peuples civilisés. »

Mes concitoyens,

La plus grande publicité donnée à la production Providentiel et perpétuelle du milliard de nouveau revenu industriel, après chaque période de trente ans, ainsi qu'à l'emploi populaire de son impôt annuel, 30 millions, pour la plus grande partie à l'éducation obligatoire des enfants des prolétaires , puis en récompenses publiques, aux ouvriers principalement désignés par le scrutin de leurs pairs, préviendra toute tentative de désordre et de subversion. Car aux esprits les plus obtus il sera évident que ce bienfait ne peut remplir son double but envers la richesse générale et envers les travailleurs, que par l'accord parfait entre l'ouvrier, le fabricant ou le cultivateur, la science, le capitaliste et l'administration paternelle, surveillant sans relâche, sans effort ni tyrannie, les intérêts, les personnes, les actes qui se rapportent à l'industrie. De sorte que, désormais, le bon ouvrier aura cent fois plus de facilités qu'autrefois, pour s'élever par son travail consciencieux. Et que si jamais l'émeute et la guerre civile pouvaient renaître, et l'emporter sur l'ordre public, ce serait l'anéantissement de toute industrie, de tout accroissement de richesse, même agricole; ce serait l'anarchie, le chaos, le bouleversement de toutes les propriétés, la dissolution de la France elle-même.

Si donc mon écrit ne vous paraît pas encore assez nerveux et décisif, vous ne pouvez perdre un seul jour sans faire rédiger une œuvre plus énergique, ni provoquer de l'Assemblée nationale une résolution, décrétée d'urgence, qui corrobore les bonnes intentions qu'elle a déjà manifestées, et qui dans ce moment suprême, vienne frapper d'une lumière vive et invincible le bon sens et la conscience de la grande majorité des électeurs.

C'est ainsi qu'on verra les millions de bons ouvriers de l'agriculture et des fabriques, voter pour le général Cavaignac, pour l'ami du peuple et du pays, pour l'interprète du plan secret de la Providence envers la multitude si infortunée depuis des siècles. En effet, c'est le général Cavaignac qui, dès avant la République, compatissait au dénuement et aux calamités des travailleurs; et qui vient de leur reconnaître dans le travail consciencieux, uni à la science, au capital, et à une administration tutélaire, une source croissante petit-à-petit, mais continuellement et sans limite, de bien-être matériel, intellectuel et de contentement moral, sans secousse, sans exaction envers les fabricants, les cultivateurs et les riches; et au contraire, en enrichissant de plus en plus les classes de la fortune, et en augmentant et consolidant la prospérité de la République. Ce qui se conçoit en envisageant les mines de houille, et les autres richesses minérales, déposées par la nature dans les diverses couches de la terre ; mines , qui , jusqu'ici, ont été pour les inventeurs une source de persécutions scandaleuses ; et quant à leurs produits, une source de dilapidations.

C'est ainsi que les patrons, soit fabricants, soit cultivateurs, seront acquis à la candidature du général Cavaignac, ils seront bien convaincus qu'il ne s'agit plus de les frustrer d'une part de leur bénéfice ; pas même de leur faire abjurer le rôle inintelligent de chercher à amoindrir le salaire de l'ouvrier ; mais qu'ils resteront libres au contraire de proposer, ou non, la gratification féconde d'une fraction de l'accru du bénéfice, quand la vente s'élèverait au-delà d'une valeur convenue d'avance à l'amiable. Ils seront convaincus que le Gouvernement a entre les mains le moyen, non de solder tout le salaire, ou des milliards ce qui était une monstrueuse absurdité de chicane, dans la bouche des champions des vieilles routines ; mais bien, ou de compléter le salaire, dès qu'il commence à devenir trop faible, ou d'avoir quelques ateliers auxiliaires, ce qui est toujours possible, profitable, et suffisant, quand on prend le chômage un mois avant son origine, et avec publicité entière. Et lorsque les commandes arriveront, les maîtres sauront toujours où reprendre leurs ouvriers de prédilection. Et il n'en aura rien coûté aux patrons, ni aux classes de la propriété.

Les citoyens de la classe mitoyenne, qui sont amis de la concorde et de la prospérité de la France ; qui sont aussi des jurés éclairés, aux assises du jugement des dernières dix-sept années de la paix européenne la plus inintelligente ; en ce que, sans utilité présente, ni future pour la multitude, pour le commerce, ni pour l'agriculture, ni pour la diplomatie, elles ont vu dévorer des budgets plus monstrueux que sous la première République et sous l'Empire, où nous avions toute l'Europe sur les bras ; notre bourgeoisie paisible votera donc sans hésiter pour le général Cavaignac, parce qu'il saura, au dehors tenir ferme le drapeau de l'indépendance et de la dignité nationales ; et au dedans, maintenir l'ordre public et l'économie portée dans nos finances par l'Assemblée constituante ; et qu'il saura éviter le gouffre des dilapidations et des dépenses improductives du dernier règne ; qui préféra s'appuyer sur la corruption, à s'appuyer, sur les bénédictions du peuple ; et parce que c'est le général Cavaignac qui a su leur interpréter les desseins bienfaisants de l'Eternel, pour le bonheur temporel de la France et celui de la grande famille des hommes, c'est lui qui leur a montré que, en permettant l'accroissement de l'intelligence humaine, même à mesure que les maux se multipliaient sur la surface du globe, la Providence avait le but manifeste de nous amener, à la fois par deux causes puissantes, à comprendre la folie de notre révolte contre les premières lois divines : amour de Dieu, amour de nos semblables ; à comprendre la volonté irréfragable de Dieu de refuser le bonheur solide ici-bas à toute famille, à toute caste isolée, au milieu des humains, qui resteraient en proie aux vices et au malheur ; et à comprendre que cet état doit durer tant que les hommes se refuseront à reconnaître Dieu pour leur père, et l'objet de leur adoration, et à reconnaître les hommes , et surtout les petits , pour nos frères et les objets de notre affection et de notre protection.

Partout la garde nationale adoptera la candidature du général Cavaignac, qui, aux terribles journées de juin, a eu le bonheur de faire partager à l'armée citoyenne la victoire sur les insurgés, et d'arrêter une plus longue effusion de sang français. La garde nationale votera pour le général Cavaignac, défenseur né, comme elle-même, de notre Constitution républicaine, à laquelle il a franchement coopéré ; pour lui, qui tarit à jamais la source des grèves et des émeutes sanglantes, en annonçant d'abord un terme aux misères de la multitude, et ensuite en en préparant le bien-être progressif, sans spoliation des fabricants ni des riches.

L'armée votera par acclamation pour son frère d'armes et de gloire, pour son père le général Cavaignac ; parce que l'armée française est assez instruite pour savoir que nul général, purement guerrier, ne lui procurerait plus de gloire militaire, que ne l'a fait l'Empereur ; et que cependant ce grand génie a manqué de capacité, pour faire naître le bonheur national ; et que nul n'a suscité contre la France plus de haine et de vengeances qui ont fini par causer au pays des pertes et des douleurs inouïes. L'armée républicaine a assez de patriotisme pour sacrifier son avancement et son intérêt privé, à l'intérêt général, qui exige que nos armes ne soient employées que contre les despotes, leurs satellites, quand ils attaquent notre indépendance ou celle de tout pays constitué, qui nous est allié par un traité authentique.

Tous les amis de la patrie, de la liberté et de la République voteront pour le général Cavaignac, dont les titres aujourd'hui sont incontestables. Ses sentiments républicains nous sont connus, et nous garantissent qu'il préférera la plus haute dignité de la République au faste d'une couronne, qui pendant quinze siècles, n'a pas appris à faire le bonheur du peuple. D'autres, sans doute, auraient pu réussir comme lui à sauver la France ; d'autres que lui ont des mérites militaires, patriotiques, politiques ; hé bien ! Ils auront leur tour, et lui succéderont à la Présidence de la République.

Les ultra-républicains les plus sensés, forcés de convenir qu'ils se trompaient en accourant sous le drapeau du sang et de la spoliation ; et en croyant que la violence était le seul moyen capable de faire cesser les misères et les souffrances de nos frères les travailleurs, de leur procurer des secours efficaces et d'établir solidement la République ; ces ultra-républicains, renonceront à leurs projets de guerre civile ; ils voteront pour que Cavaignac soit Président de la République démocratique, paisible, qui aura le moyen et la puissance de protéger efficacement ceux de ses enfants qui éprouveront le plus de maux et de besoins.

Les utopistes, les communistes, les socialistes, les moins insensés, reconnaissant que le moment n'est pas venu pour les hommes de renoncer, de plein-gré, à leurs passions, à leurs vices, à leurs intérêts présents ; que le moment n'est plus où l'on pouvait, par un peu de violence, dominer les opinions politiques des esprits éclairés, ou fanatiser les masses pour des idées creuses, se hâteront de voter pour le général Cavaignac, en voyant la Constitution promulguée, près d'être mise en exécution, avec ses principales lois organiques ; qui assurent aux prolétaires l'existence, un travail productif, l'éducation gratuite de leurs enfants ; et qui dissiperont toute inquiétude sur une suspension des lois, ou sur une atteinte aux grandes libertés de la pensée, de la presse, et des réunions pacifiques, tant que les vœux et les manifestations des républicains les plus excentriques ne seront pas réduits en actes contraires aux lois et à l'ordre public.

Les organes de la publicité, ouvrant les yeux aux biens qui vont résulter de la Constitution et des lois organiques, trouveront des aliments honnêtes et toujours nouveaux à leurs talents et à la curiosité publique, en suivant, dans toutes nos circonscriptions territoriales, les progrès de l'esprit, ceux des arts matériels du bien-être des prolétaires, de l'éducation obligatoire de leurs enfants, et de la richesse générale; progrès que va développer la mise à exécution de nos lois favorables à l'enseignement bien gradué des lettres et des sciences; aux industries agricoles et manufacturières, au commerce, à la marine, à la moralité; ces écrivains dédaignant la polémique blessante, au service honteux des passions égoïstes et hargneuses d'une opposition systématique, ne se borneront pas au rôle stérile d'égayer les loisirs des esprits cultivés; ils voudront coopérer à animer les masses de l'amour de la patrie; coopérer à l'interprétation et à l'amour des lois nouvelles, en les comparant aux anciennes; et, en peignant vivement les actes du zèle patriotique à remplir un devoir bien compris, et à appeler les regards de l'autorité sur un abus échappé à sa surveillance, ils voudront coopérer à entretenir le feu sacré du patriotisme, et l'émulation des citoyens entre eux et des communes entre elles pour l'avantage de toute la grande famille.

Un auxiliaire puissant de la République et de la candidature du général Cavaignac, c'est le corps honoré et éclairé du clergé. Chaque année on l'a vu en chaire tonner contre l'irréligion manifeste et universelle, et contre l'incrédulité croissante des vivants; nonobstant les signes hypocrites et seulement d'une piété, qui ne peut exister dans les âmes des innombrables fauteurs de la révolte la plus audacieuse contre les deux grands commandements. Car en vain chercherait-on à se le dissimuler: c'est *refuser* à notre créateur l'adoration et l'amour qui lui sont dus; c'est *refuser* à nos frères malheureux l'amour que nous leur devons, que de ne pas prévenir leurs besoins matériels et intellectuels; et de les priver de notre protection, quand bien-même Dieu ne nous comblerait pas de bienfaits temporels qui augmentent nos richesses industrielles.

Parce que les maux multipliés sur la surface du globe datent de quatre mille ans, les érudits présomptueux déclarent que ces maux ont pour causes uniques :

1° La perversité native du cœur humain ; 2° la volonté irrésistible de Dieu : « que la plénitude du bonheur soit » absolument impossible en ce monde, quelque chose que » nous puissions faire. »

Parce que les favoris actuels de la fortune ne sont pas les fauteurs du dénuement des malheureux ; et parce que plusieurs familles tombées dans l'indigence ont conservé la crainte de Dieu, et subissent, sans trop murmurer, les maladies et la mort, nos doctes érudits déclarent durement : que les riches ne sont pas obligés de faire pour les ouvriers, plus que l'on a fait jadis pour leurs pères ; qu'ils ont conquis leur fortune par le travail et l'épargne ; que l'indigent les imite ; ou qu'il sache se résigner à la simple aumône, et à attendre, dans la souffrance, la récompense céleste, qui lui est promise, en compensation des biens dont il est privé dans cette vie. Il doit se soumettre à son sort, sous peine d'y être forcé, premièrement par les agents d'une police de plus en plus habile, deuxièmement par le glaive des lois de plus en plus sévères.

Ignorance ! Barbarie ! Aveuglement ! s'écrieront les ministres du Dieu de sagesse et de bonté ; qui ne peuvent se déguiser que cette explication fausse des droits des riches, des souffrances de la multitude, et des desseins secrets de Dieu a le funeste effet d'endurcir les cœurs des égoïstes, et d'exaspérer les cœurs des opprimés, d'accroître l'hypocrisie de quelques riches, et les douleurs de quelques êtres souffrants ; de donner des armes aux incrédules ; et de rendre de plus en plus imminent le bouleversement total, auquel jusqu'ici l'on n'a échappé que comme par miracle.

En revêtant la robe sacerdotale, le ministre de l'évangile ne rompt pas tous les liens qui l'attachent à la vie présente de l'individu, de la famille, de la société, de la cité, de la patrie. Comme nous, il a des sentiments, des vœux et des devoirs envers la société politique.

Si les connaissances naturelles étaient aussi simples et arrêtées que les connaissances surnaturelles, dont le dépôt est confié aux lévites, pour le conserver intact et dans toute sa pureté ; c'est parmi les membres du clergé, que nous pourrions chercher et trouver les règles qui doivent diriger nos études profanes, et toute notre existence temporelle. Mais les connaissances séculières, surtout depuis deux cents ans, font des progrès toujours nouveaux et surprenants. Le clergé n'en est pas dépositaire. Rarement même il s'adonne à cette sorte d'étude, et c'est un dommage. Car dans l'ordre spirituel, habitué à de fortes méditations, il est éminemment propre à saisir à la première énonciation les vérités nouvelles qui, sans son concours, exigent une génération, avant de se populariser dans le public. Il importe donc de mettre sous les yeux des guides naturels de la nation, les idées saines et récentes sur les conditions présentes et futures de l'existence *individuelle*, et de l'existence du *genre humain*, idées, qui renferment, sous un nouveau point de vue, nos devoirs envers Dieu, envers nos frères et envers la patrie.

A la vérité, les ecclésiastiques ont, à se pénétrer de ces idées, et à remplir le devoir de les transmettre, avec sincérité et onction, à leurs ouailles, un intérêt matériel immense. Car tout en coopérant à l'installation de la République honnête et paisible, seul gouvernement qui n'ait jamais nui à la religion et à ses ministres, le clergé acquiert des *droits imprescriptibles* à une existence plus splendide qu'avant 1789, plus honorée et plus inébranlable. Or, parce que Dieu, dans ses décrets adorables, se serait complu à unir étroitement les plus grands intérêts de la religion à ceux de la patrie et de l'humanité, (et cette alliance sera péremptoirement démontrée), ce ne serait certes pas là un motif pour les ecclésiastiques de se conduire d'après le préjugé d'une pruderie de désintéressement, et, dans la situation la plus délicate pour la nation française, de s'abstenir ; ce qui serait plus tard reconnu trahison, car car tous les prétextes religieux seront écartés.

Certes, c'est parce que les hommes n'ont pas fait encore un bon usage de leur intelligence, qu'ils continuent d'ignorer les desseins du Créateur :

Sur *les individus humains*, quant à l'existence terrestre,
et quant à la seconde vie ;

Sur *le genre humain* et sur *les individus*, quant à la
première enfance terrestre ;

Sur *les individus humains*, quant à la seconde enfance ;

Sur *le genre hamain*, quant à sa seconde enfance.

I.

DESSEINS DE L'ÉTERNEL SUR LES *Individus humains*, QUANT A L'EXISTENCE TERRESTRE.

Cette existence semble laissée comme à la merci d'une
foule de hasards, de souffrances et de dangers funestes.
Cette loi *des individus* nous est enseignée dans les autres
genres de la création, qui *seuls* sont doués de la pérennité.
Dans la loi des périls des individus, il y a aggravation
pour la famille humaine, et il y a justice : parce qu'au lieu
de faire servir notre intelligence et notre libre arbitre,
qui sont les signes incontestables de notre suprématie sur
le reste de la nature, à bien mériter de notre père, qui est
la bonté suprême, à étudier ses *œuvres*, et à y lire nos *devoirs*, nous employons nos facultés, comme des armes,
trempées dans un poison subtil, à nous opposer les uns aux
autres, à nous nuire, à nous déchirer cruellement. Puis
nous soutenons, avec stupidité et effronterie, que c'est uni-
quement pour rendre plus méritoire la conquête de la félicité surnaturelle, que la sagesse divine nous a créés ; et
qu'elle nous a condamnés, seulement depuis le premier
millésime, à une vie terrestre de 70 années, passées dans
le paroxisme dégoutant de la folie furieuse.

II.

DESSEINS DE L'ETERNEL, SUR LES *Individus humains*, QUANT A LA SECONDE VIE.

La félicité éternelle, personnelle, est garantie à tout
chrétien, demeuré fidèle aux stricts devoirs envers Dieu.
Cependant, nonobstant cet insigne bienfait, qui devrait de

plus en plus nous exciter à étudier et à connaître les œuvres de Dieu et leurs lois, le nombre des fidèles est loin d'augmenter proportionnellement à notre population.

Ce fait n'est-il pas une preuve que Dieu n'accepte pas l'égoïsme pieux (qui nous vient des moines), comme le seul, comme le principal titre à la félicité éternelle ? Et que le principe de sociabilité intelligente et progressive (que nous tenons de lui) exige de la part de chaque fidèle, de la force et des efforts, pour éclairer, protéger et servir efficacement nos frères, sous peine de démériter ? Le même fait prouve que l'état de maux et de désordres parmi les vivants n'est pas encore la condition pour laquelle sa sagesse nous a placés sur la terre. Et nous poussons la démence jusqu'à imputer à notre auteur nos propres fautes, dont il nous serait si facile de nous corriger graduellement ; et nos maux, qui n'en sont que la conséquence obligée.

III.

SUR LE GENRE HUMAIN ET SUR LES *Individus*, QUANT A LA PREMIÈRE ENFANCE TERRESTRE.

Pour le *genre humain* la première enfance a été une sorte d'état d'innocence, et d'âge d'or, semblable aux quatre premières années d'un simple individu, à l'ombre de la protection de la tendresse maternelle et paternelle. Cet état passé dans une ignorance profonde, n'étant ni mérité, ni garanti, et ne développant qu'une partie des facultés de notre nature, ne peut être considéré comme un véritable bonheur. La durée de la première enfance de la famille humaine a pu être de douze siècles.

IV.

SUR LES *Individus humains*, QUANT A LA SECONDE ENFANCE.

Cette période, passée aux études, dans nos écoles, est une cacophonie de peines, de plaisirs, de bien-être, de tourments, de disputes, de paix, de guerres, de trèves ; de soumission, de désordre ; d'amitiés, de haines ; de bonnes et

de mauvaises actions; de préjugés, de connaissances so-
lides; de bonheur, de malheur, de punitions, de récompenses... Cet état emploie quatre fois la durée de l'enfance.

Les fautes et les malheurs de cette seconde époque n'im-
pliquent pas le manque de sagesse, de bonté, de puissance
et de prévoyance dans le père, qui surveille l'éducation
d'un fils; et celui-ci, un jour, sera d'autant plus éclairé,
plus utile et plus considéré, que son éducation aura été plus
sérieuse, et lui aura coûté plus d'études, de soins et d'efforts.

V.

Sur le GENRE HUMAIN, quant à sa seconde enfance.

L'époque des premiers pas du GENRE HUMAIN dans les
arts grossiers, dans les lettres, dans les sciences, et dans la
civilisation, ne pouvait, dans le fond, différer de notre seconde enfance, que par des écarts plus monstrueux, dûs à
l'absence de leçons spéciales, orales, écrites, journalières.
Mais nous avions 1° la tradition et la conscience des grands
préceptes divins, applicables non seulement à l'acquisition
de la seconde vie, mais encore à la vie terrestre.

2° Le spectacle des œuvres de Dieu, exposées à nos regards et à nos méditations.

3° L'usage à faire de notre intelligence et de notre libre
arbitre.

4° Le dépôt commun des connaissances accumulées depuis le commencement du monde.

Aussi la seconde enfance de la grande famille des hommes
ne pouvait manquer d'être longue, plus criminelle et plus ef-
frénée que la seconde enfance d'un individu. Si celle-ci se
termine quand l'*individu* donne des gages publics de son res-
pect et de son amour pour son père et pour les magistrats;
de son affection et de sa protection envers ses frères en bas
âge; et quand il commence à produire les fruits de la viri-
lité, et de son éducation, savoir des enfants élevés selon les
préceptes de la religion, avec des œuvres dignes du plan du
pouvoir législatif pour l'utilité et la prospérité de la patrie;
et je ne veux pas chicaner sur l'accomplissement sincère
de quelques-unes des conditions imposées à l'individu à son

entrée dans le monde; mais je m'inscris en faux contre l'achèvement effectif de la deuxième enfance du *Genre humain*. Car ce qu'il faut entendre par l'*humanité entière*, c'est au moins la majorité, comme 400 millions de vivants. Et qui osera soutenir que l'on puisse compter autrement que par mille, les hommes connaissant Dieu, l'adorant non seulement des lèvres, mais en esprit et en vérité; en en donnant les preuves sensibles, dans leur affection pour leurs frères, dans leur protection envers ceux qui souffrent et qui ignorent? Qui soutiendra que cette majorité se connaît elle-même; qu'elle possède toutes les connaissances générales de la masse; qu'elle connait la mission, qui lui a été donnée par le Créateur, de régir par son intelligence les êtres des rangs inférieurs à l'homme, pour l'utilité du genre humain, et pour la plus grande gloire de Dieu?

Non, dix fois non. L'enfance du genre humain dure encore. Et voilà pourquoi les hommes commettent tant de fautes, et sont si malheureux; et voilà pourquoi notre père céleste est si indulgent envers nos trahisons. Le père d'un individu attend avec patience et anxiété l'effet de ses mesures incertaines, durant quatre fois la première enfance. Le père du genre humain attend l'effet de ses seules lois générales et infaillibles, durant 4,800 ans, c'est-à-dire quatre fois la première enfance de la famille humaine.

Ainsi, l'Eternel n'a pas voulu méchamment comme l'en osent accuser des blasphémateurs ignorants; ainsi, ce n'est pas par impuissance qu'il a permis nos transgressions, nos tribulations, et tous les maux déchaînés sur nous, notamment depuis quatre mille ans.

Seulement, telles étaient les puissantes lois établies dès le commencement, que nos peines devaient s'aggraver avec nos fautes; que notre intelligence devait longtemps faire des progrès; et que quelque perversité dont nous pussions nous rendre coupables, ces lois suffisaient toujours à faire tôt ou tard, rentrer le genre humain dans le giron de l'église, dans la vue de nos plus grands interêts; et à lui faire comprendre et accomplir notre devoir envers notre Créateur; à nous en faire exhiber la preuve palpable, en ne nous opposant point au soulagement des hommes privés

3

de propriété ; soulagement obtenu non-seulement sans per-turbation , et sans qu'il en coûte aux classes de la fortune ; mais encore au seul prix de trois centièmes de l'immense richesse inventionnelle , que Dieu nous envoie chaque année à ce dessein ; les quatre vingt dix-sept autres centièmes servant à accroître la fortune des riches. Ainsi, il ne dépend que de nous que nos maux cessent , comme par enchantement.

Si nous n'avions jamais failli dans l'emploi rationnel de nos deux facultés , l'intelligence et le libre arbitre, nous aurions passé nos jours dans la concorde, dans le culte du Très-Haut , dans l'affecion mutuelle de nos frères, et dans le progrès spontané des connaissances permises à l'homme, et successivement accumulées pour accroître le bien-être temporel de l'humanité.

Mais ce bonheur obtenu paisiblement, lentement, sans obstacle ni péril, n'aurait pas eu assez de charme à nos propres yeux, ni aux yeux de Dieu. Pour lui donner toute sa valeur humaine, il fallait une période de luttes, de dangers graves, de maux effroyables ; et par conséquent de fautes, de ténèbres et de crimes.

Quelle était donc la source fatale des fautes prévues de tout temps par Dieu , et permises temporairement ? Fautes dans lesquelles toutes les populations devaient tomber à leur tour. Cette source inévitable, qui vient seulement de nous être révélée, c'était l'éducation de l'enfance, qui devenait plus difficile, plus importante et plus impossible, à mesure que, même dans l'âge d'or du genre humain, encore peu nombreux, la masse des connaissances générales grossissait, que l'intelligence cultivée grandissait, que les tribus humaines se disséminaient au large, que les besoins variés et multipliés exigeaient un travail plus fatigant de tous les individus. Jusqu'ici la tendresse maternelle éclairée avait suffi à la tâche. Elle devenait désormais impuissante ; faute d'écoles, de maîtres, de livres, de méthodes, de communications, de chemins...; et d'un système judicieux de surveillance de la part des chefs de tribus. Le mal devint plus grave à l'égard des orphelins , naturellement privés de protecteurs. De quelques-uns de ces êtres délaissés, qui avaient grandi dans la fréquentation des animaux carnassiers, provinrent le vol, la violence, le brigandage, la guerre, l'esclavage, les conquêtes, la perturbation dans les intérêts, dans les idées, dans les personnes, la dispersion des familles timides, la spoliation, l'extermination, et, après peu de générations, l'oubli radical de Dieu et de ses saintes lois, le règne de la terreur et de l'idolâtrie, les préjugés de la gloire des armes et de la suprématie d'une caste, de l'abjection du travail des mains et des artisans.

Cependant Dieu ayant résolu, quant à notre bonheur sur la terre, de n'intervenir que par ses lois générales et secrètes, la vérité demeura longtemps enfouie. Des conquérants, trouvant dans leurs esprits, relativement supérieurs, des idées propres à mieux régler les mœurs, se firent législateurs ; en admettant comme inattaquables les préjugés, établis de temps déjà immémorial, d'hommes libres, d'esclaves, de castes, de culte héroïque, de caractère national. Des philosophes plus métaphysiciens qu'observateurs habiles, plus littérateurs que penseurs, ont fait la critique des législations répandues sur le globe. Mais n'ayant pu renouer le fil des traditions premières, et ignorant la cause, temporelle si simple, de l'invasion du mal moral, ils ont cherché, dans leur imagination, l'explication de l'univers, de Dieu, et du gouvernement des hommes. La plupart de leurs systèmes absurdes nous sont parvenus

Les chrétiens, ayant principalement en vue la conduite des âmes et la félicité future, prirent en dédain les philosophies, les littératures, les lois, les intérêts et les arts profanes. Dans leur joie d'avoir vu, par le martyre, la vraie religion triompher des persécutions cruelles, qui vinrent l'assaillir à son berceau ; et croyant d'ailleurs à une prochaine fin de ce monde pervers, les chrétiens eurent le tort de faire généralement trop bon marché des êtres de la nature ; dont l'étude leur paraissait un vol fait à la contemplation purement religieuse. Comme si Dieu avait pu faillir, et était devenu notre justiciable, en créant ses œuvres, et les soumettant avec leurs admirables lois à nos regards et à notre pensée, avant de nous être éclairés et fortifiés par l'étude. Aussi n'ont-ils pas résolu le problème de la double destinée de l'homme. Et voyant que, depuis des siècles, il n'y avait pas d'exemple de bonheur durable ici-bas, pour un homme, pour une famille, pour une caste, pour un peuple ; ils ne craignirent pas d'affirmer que le bonheur était absolument impossible sur la terre ; affirmation absurde, en ce qu'elle est contraire à la plus grande gloire de Dieu. La véritable conclusion logique des prémisses aurait été :

« La félicité terrestre est absolument impossible, 1° aux
» méchants ; 2° à une partie seule des vivants, même
» justes, tant qu'ils seront au milieu de la multitude
» du reste de leurs semblables, qui devraient demeurer
» en proie aux souffrances les plus cruelles. »

Cependant nos derniers quatre mille ans d'épreuves n'ont pas été perdus pour la cause de l'humanité, et ne pouvaient l'être ; puisque, quoique criminels de lèse-majesté divine, par notre rébellion contre ses deux premières lois, nous n'étions punis que par un bon père, toujours prêt à nous pardonner.

Malgré l'absence de documents de quelque valeur, et aux lueurs d'une raison encore faible, les hommes marchant en apparence, à l'aventure, mais toujours conduits par les lois secrètes de la Providence : savoir leur intérêt matériel, et leur intelligence croissante, les hommes firent, surtout dans les deux derniers siècles, en agriculture, en astronomie, en physique, en chimie, dans les principaux arts mécaniques et dans l'enseignement, des progrès, qui pour être reconnus de vrais miracles, et de précieux bienfaits de notre Père céleste, n'attendaient qu'un philosophe chrétien, saisissant un à un les éléments de la question du sort de la famille humaine, sachant tirer de chaque élément, bon ou mauvais, la substance réelle qu'il renferme, et les rattachant tous au grand but de l'avenir terrestre.

Il reconnut d'abord la véritable cause de l'origine, de la multiplication et de la fréquente recrudescence des maux qui depuis quatre mille ans, se sont répandus sur la surface de notre globe. Cause universelle pour le lieu, et pour tout peuple, soit de première origine, soit à sa renaissance, après une période de ténèbres. Cette cause précédemment décrite, est le mauvais emploi de notre intelligence et de nos moyens de discipline pour diriger et surveiller l'éducation de tous les enfants. Il vit que nous ne sommes nullement abandonnés de Dieu, qui, malgré notre état de rébellion envers lui, et au milieu du débordement de nos fautes et de nos malheurs, semble nous montrer lui même que sa gloire est intéressée à notre repentir, à notre soumission, à la fin de nos épreuves, et à notre bonheur temporel péniblement conquis, et inébranlablement maintenu. Car 1° il permet chaque jour le développement de notre intelligence non seulement en profondeur, mais encore dans les deux autres dimensions ; ou de l'occident à l'orient, et du nord au midi, parmi tous les vivants. Ce qui devait infailliblement nous ouvrir les yeux à la fois sur la cause première de nos infractions envers nos grands devoirs religieux : l'amour de Dieu et l'amour de nos semblables ; et sur les moyens de détruire d'un seul coup les racines de la mendicité, des vols, des crimes,.... en rendant obligatoire l'éducation de toute l'enfance.

2° Il permet l'acquisition de nouveaux moyens auxiliaires : comme les crèches, les salles d'asile, les écoles primaires, les écoles professionnelles, les maîtres, les inspecteurs, les récompenses, la publicité, pour régulariser l'éducation de tous les enfants ; et par conséquent, pour couper, en empêchant la naissance d'un seul méchant, les racines de l'arbre qui a produit nos maux. De sorte que par cela seul, nous serions les maîtres de faire disparaître tous nos maux, si nous étions généreux, ou riches, ou seulement conséquents.

3° Enfin Dieu fournit lui-même aux frais de l'éducation, au moins des enfants des prolétaires, en nous faisant tirer des sciences, du travail et des mines, une richesse industrielle annuelle, qui était inconnue à nos anciens ; qui aujourd'hui est élevée au pair du revenu agricole, et qui, avec les générations, sera décuple de ce revenu du sol, qui pourtant s'accroîtra. Or, de cette richesse, qui, avant de naître, n'a d'autre propriétaire que l'Etat, le simple accroissement annuel a été dans les derniers trente ans, de 1 milliard, malgré de grandes erreurs au détriment des industriels. Et cet accroissement ne peut plus s'amoindrir, sous le gouvernement républicain éclairé, qui va charger une admi-

nistration expérimentée et populaire d'environner d'une
protection sage, puissante et de tous les jours, les vrais inventeurs industriels, leurs capitalistes, leurs ouvriers et
le public. Ce qui permettra de former, d'une petite fraction, 3
centièmes de la vente, une *caisse* propre à améliorer par degrés
le sort des bons travailleurs ; en laissant aux inventeurs, à
leurs capitalistes, à leurs ouvriers directs et à leurs actionnaires, heureux et reconnaissants, les autres 97 centièmes de la
vente. Ainsi, la nouvelle industric cessera d'être, des dix ou
vingt ans, scandaleusement tracassée, méconnue, opprimée
ou languissante. Ainsi, les prolétaires cesseront de traîner
leurs jours dans l'abjection ou dans la souffrance. Au moyen
de la caisse inventionnelle, l'amélioration du sort des ouvriers consciencieux s'effectuera sans rien coûter aux classes de l'aisance, et ne coûtera à l'administration que des
soins paternels, actifs et bien rétribués. Et en quelques années, cette caisse, dont le revenu annuel s'accroit de 1 million, pourra être appliquée par la République reconnais-
sante, à rehausser la condition temporelle des pasteurs de
tous les ordres du clergé, et à rendre au culte plus de magnificence qu'autrefois.

Maintenant il est manifeste que la naissance de nos maux,
que leur accroissement, que nos crimes et nos dangers effroyables, ne sont pas les effets de la méchanceté, de l'oubli, ou de l'impuissance de notre Créateur ; pas plus que
les fautes et que les chatiments d'un fils indiscipliné ne dé-
notent la cruauté et l'inintelligence de son père ; et que ces
imputations, outrageuses envers notre père céleste, sont les
preuves de l'ignorance et de la folie des blasphémateurs.

Si nous avions dû ne pas être ignorants, coupables, malheureux, notre condition aurait été celle d'un troupeau bien
soigné. Dieu se serait réduit au rôle de propriétaire d'un
beau troupeau, ou au rôle d'nn mécanicien plus habile que
nous, dont les automates ne se révoltent pas contre l'artiste.
Et si notre intelligence avait eu le don de s'élever spontané-
ment, sans l'aiguillon du malheur, causé par les écarts du
libre arbitre, notre orgueil n'aurait pas manqué de s'en at-
tribuer tout le mérite ; et nous nous fussions encore révol-
tés contre le Créateur, non plus par ignorance, par oubli,
ni cupidité ; mais par ingratitude, et par superbe, à l'instar

des Anges déchus ; et alors notre mal était sans remède. Enfin sans le besoin mutuel de nous protéger et de nous instruire, dès le bas-âge, les liens d'affection et de reconnaissance, entre le fils et ses parents, et ensuite entre tous les humains, seraient plus faibles que chez les animaux, qui n'ont pas l'intelligence : et notre vie terrestre serait décolorée !

Il fallut donc que le genre humain, dans son propre intérêt, fût longtemps plongé dans le malheur et dans le crime ; afin que lorsque ses yeux s'ouvriraient à Dieu et à la raison, il se fît une idée juste de la grandeur et de la valeur de la conquête, qu'il allât entreprendre successivement, du bonheur terrestre de tous les vivants ; et qu'il eût le courage d'effectuer cette conquête ; et afin que le souvenir toujours présent de nos anciennes fautes et de leurs fruits amers ne nous permît pas de négliger, un seul jour, la surveillance la plus rigoureuse dans l'éducation obligatoire des enfants ; éducation, qui, si elle devient de plus en plus étendue et laborieuse, sera aussi de plus en plus facilitée par les méthodes, par nos moyens d'inspection et de communications, par l'absence totale de mauvais exemples, et par la volonté souveraine du genre humain.

A la vérité quelques justes purent échapper à la contagion générale ; et néanmoins, sous l'empire de la violence et de la guerre de dévastation, ces hommes dûrent rester pauvres, à l'écart, malheureux, et paraître un argument contre la bonté de la Providence. Mais n'a-t-il pas suffi à la justice divine que ces fidèles obtinssent la récompense de la vie éternelle. Si l'on a pu murmurer de ce que ces hommes aient paru trop tôt pour eux sur la terre, où ils n'ont pu goûter aucun bien temporel ; on a dû répondre en faveur de la puissance et de la prévision de Dieu : « qu'en » cela on voit toujours s'observer les lois générales con- » nues : qui sont, la pérennité des *genres*, l'instabilité des » *individus*, surtout durant les ténèbres de *l'humanité*, qui » est destinée à régir avec sagesse les êtres inférieurs ; en- » suite, les lois de la succession des générations et de la » multiplication des vivants ; de la nécessité inévitable, » qu'une multitude d'individus précédât le siècle du triom- » phe des lumières et de la paix ; et la loi de compensa- » tion, que Dieu a dû établir entre la vie éternelle, et la

» vie terrestre. »On peut croire d'ailleurs, que plusieurs hommes considérés comme justes, ont failli, par égoïsme, ou par inintelligence, en imitant le serviteur de l'Evangile ; qui avait enfoui le talent, qu'il avait reçu, non pour le laisser oisif, ni pour se contenter de répéter : Seigneur ! Seigneur ! mais pour améliorer le sort de ses frères souffrants, et coopérer ainsi de tout son pouvoir à manifester la plus grande gloire de Dieu.

Si nos maux sont devenus excessifs avec l'endurcissement de nos cœurs, c'est qu'il fallait que les lois éternelles fussent reconnues par tout l'univers, pour avoir à elles seules la puissance de retirer tous les enfants d'Adam de l'abîme de maux, qui sont les justes fruits de la révolte la plus criminelle ; pour avoir la puissance de nous ramener repentants dans le sein du Créateur ; la puissance de nous inspirer le courage de conquérir notre bonheur temporel, et la force de le conserver ; la puissance enfin de nous donner des mérites plus réels et plus nombreux à la félicité de notre seconde vie ; la puissance de rendre tous les vivants heureux à jamais ici-bas, et bons chrétiens.

Le voilà donc ce secret de nos maux terrestres, et du plan du Créateur. Et que sont nos cinq mille années de tourments , par rapport à la consommation des siècles ? Il fallait imprimer à l'homme une forte secousse, pour hâter son développement moral. Il fallait que la leçon fût sévère , et le triomphe difficile ; afin que le souvenir de nos longues traverses fût ineffaçable , et toujours assez vif , pour nous faire employer toute notre vigilance à conserver le bonheur temporel , si chèrement acheté.

C'est parce que les hommes étaient inintelligents et aveugles, que les favoris de la fortune n'ont pas compris depuis des milliers d'années qu'en préparant et garantissant, à leurs dépens, pour ceux qui ne possèdent rien, la simple existence, la paix au moins eût régné parmi les vivants ; que les riches, sur lesquels retombent toujours, d'une manière visible ou cachée, les frais de la nourriture et de l'entretien des pauvres, les riches auraient perdu en moins la partie gaspillée des brigandages accoutumés, dont ils ont été victimes par le vol caché, ou par celui au grand jour. Ils n'ont pas compris que s'ils eussent fondé le bien-être du prolétaire sur son travail bien rétribué, ils y eussent gagné eux-mêmes plus de fortune, de sécurité et de satisfaction devant les hommes, et plus de mérite devant Dieu ; et, au fond, cela ne leur eût rien coûté.

C'est parce que les hommes ont été inintelligents, aveugles et barbares, que, par leurs lois draconiennes, ils ont eu à punir cruellement leurs frères, des fautes, qu'eux-mêmes ils auraient dû et pu prévenir !! comme les grèves, les émeutes... Et c'est ainsi qu'ils ont amoncelé contre eux une tempête de haines profondes et de vengeances imminentes.

C'est parce qu'ils ont été inintelligents, aveugles, barbares et ingrats, que les hommes de l'instruction, de la fortune, et du pouvoir ont laissé écouler les derniers siècles, sans apprendre le saint usage qu'ils devaient faire d'une partie des bienfaits miraculeux, et de plus en plus multipliés, que nous a prodigués la Providence : comme l'imprimerie, la boussole, la poudre, l'amérique, le gros vaisseau, les mines de houille, les machines à vapeur, les télégraphes, l'électricité, les machines à carder, à filer, à tisser, les omnibus, les locomotives, l'éclairage au gaz, les chemins de fer...

Il appartient aux successeurs des apôtres, et des disciples de J.-C. de rallier tous les cœurs français en une même foi politique, comme en une même foi religieuse, en faisant passer dans nos âmes la conviction, que, de tout temps, Dieu s'était réservé le moment et les moyens pacifiques de faire cesser du même coup les privations et les souffrances matérielles et morales des pauvres, et leurs haines et leurs vengeances contre les riches, à la satisfaction mutuelle de tous les individus, et à la plus grande gloire de Dieu, pendant la suite des siècles.

En signe de cette prévision divine, le clergé citera les sensibles témoignages qui suivent :

1° L'agrandissement perpétuel de l'intelligence humaine dans les sciences, dans les arts, dans la morale religieuse, et dans la politique, au point de nous avoir amenés à l'état républicain, c'est-à-dire, au gouvernement élu dans l'intérêt légitime de tous.

2° La naissance effective de la République, dont la Constitution garantit aux plus pauvres prolétaires l'existence; offre aux ouvriers du travail, et une protection paternelle; et ne permettra plus désormais la faute de laisser gaspiller les trésors providentiels des mines et des industries à découvrir.

3° L'abondance croissante des revenus annuels de l'industrie inventionnelle; envers laquelle l'état va enfin remplir le devoir d'une protection sincère, favorable à l'inventeur, au capitaliste, à l'ouvrier et au public; en continuant d'abandonner à l'inventeur son droit de propriétaire, et se bornant à recevoir la redevance des 3 centièmes de la vente, pour en former la caisse populaire, que chaque année verra s'accroître d'un nouveau million.

4° Les effets de la simple annonce de cette caisse du peuple, et des intentions solennelles de la Constituante, sont 1° de consoler toutes les afflictions; 2° de cicatriser les plaies les plus invétérées; 3° de rendre la confiance aux ouvriers laborieux; 4° d'affranchir les riches de leurs alarmes; 5° de garantir leurs propriétés; 6° de revivifier le crédit; 7° de manifester à tous les yeux la sagesse de notre Créateur, dont les seules lois éternelles, devaient nous amener, après des siècles de fautes et de convulsions, à établir la concorde, le bien-être progressif, et le bonheur temporel de tous, conquis par nous-mêmes, et conservé à toujours.

5° La candidature du général Cavaignac, qui réunit à la science, des titres précieux à notre estime, et à notre reconnaissance, avec l'habileté politique et la droiture nécessaires pour conduire d'une main-ferme le char de la République dans sa première olympiade.

Il appartient aux ministres de l'Évangile de communiquer à tous les esprits la conviction de l'accroissement illimité de notre richesse inventionnelle, plus de 1 milliard de revenu après 30 ans; richesse destinée avec les siècles à surpasser 100 fois les produits agricoles; et la conviction de la puissance progressive de la caisse populaire, accrue de la petite fraction, 3 centièmes de ce milliard, ou 30 millions après 30 ans, ou en moyenne, 1 million d'accroissement annuel. Ce qui, avec les générations, suffira pour créer petit à petit le bien-être matériel et moral des prolétaires ; et suffira ensuite pour rendre au culte son antique splendeur ; pour édifier des basiliques qui surpassent les anciennes en magnificence ; et pour rendre définitivement plus digne la condition temporelle d'un clergé aussi recommandable par le patriotisme que par la science et la piété.

Les votes que n'aura pas le général Cavaignac sont :

1° Ceux des satisfaits de l'ancien régime.

2° Ceux des hommes qui, sans mérite, sans études, sans travail, voudraient occuper les fonctions, et toucher de gros émoluments.

3° Ceux des partisans tenaces de la royauté divine, qui seraient désolés de voir perdue à jamais leur cause, si l'une des grandes nations de l'Europe allait, sous les yeux même des peuples les plus avancés en civilisation, offrir une imitation perfectionnée de la République des Etats-Unis, dont le peuple, encore grossier sous certains rapports, est néanmoins le plus libre, le moins imposé, le mieux gouverné, le moins malheureux de la terre, et est parvenu, en 60 années, au premier rang en agriculture, en administration sage et économique ; en communications intérieures de navigation et de chemins de fer, et en prospérité ; au second rang en commerce et en industrie ; au troisième, en puissance maritime ; et qui s'élevera encore proportionnellement dans sa troisième et sa quatrième génération.

4° Ceux des républicains farouches et exclusifs, qui ne peuvent se résoudre à se soumettre au suffrage universel, à respecter les droits, les propriétés, les habitudes des partisans d'une opinion raisonnée, sage et modérée. Les votes des hommes violents, qui, au nom de la liberté, n'hésiteraient pas à se rendre les tyrans de leurs frères moins exaltés, auxquels ils accorderaient volontiers la condition des Irlandais.

5° Les votes des hommes légers, trop peu réfléchis pour placer leur bonheur dans la prospérité de l'agriculture de

l'industrie, du commerce, des arts, et de la religion; prospérité, qui se fonde sur notre indépendance, sur la paix, la
concorde, le travail, l'éducation et le règne de la Constitution.

CONCLUSION.

Aveu sincère au peuple français, à la multitude, de
l'énormité de ses souffrances; qui sont le fait, non, de la
méchanceté, mais de l'ignorance et des ténèbres univer-
sellement répandues depuis des siècles sur la surface du
globe.....

Depuis longtemps, les grands cœurs sont émus de com-
passion pour ces souffrances ; et gémissent de l'impuissance
des remèdes proposés, pour la guérison prompte et certaine
de nos maux ; dont le contre-coup a néanmoins plusieurs
fois menacé l'Etat d'une subversion totale.

Pour la première fois une assemblée Constituante, élue
par le suffrage universel, un gouvernement fondé dans l'intérêt de tous, ouvrent les yeux sur un moyen, applicable à
l'instant même, de porter dans les âmes navrées une immense consolation, et d'imprimer dans tous les cœurs français un mouvement électrique, de sympathie et de patriotisme.

Garantir aux pauvres qu'ils n'auront plus à subir les tourments de la faim et du froid ;

Garantir aux bons travailleurs de l'agriculture et de l'industrie, qu'ils seront désormais les objets d'une protection
spéciale ; qu'ils seront affranchis du chômage, qui sera pré-
vu des mois à l'avance, et rendu impossible par des ren-
seignements précis aux patrons ; ou rendu imperceptible,
soit par une indemnité légitime aux fabricants, soit par un
supplément de salaire aux ouvriers, soit par des ateliers,
préparés à loisir.

Garantir d'abord des encouragements aux bons ouvriers
des villes et des campagnes, les mieux placés sur des listes
au scrutin de leurs pairs ; et ensuite des récompenses pro-
gressives, et même des propriétés mobilières ou foncières.

Garantir dès aujourd'hui à la progéniture des travailleurs une éducation primaire, obligatoire, surveillée depuis la crèche jusqu'à l'apprentissage d'un métier.

L'Assemblée constituante est heureuse de prendre à la face de tous les électeurs de la France, à la face de tous les peuples civilisés, ces engagements solennels ; dont l'exécution se fonde sur un revenu jusqu'à présent méconnu, gaspillé, dilapidé par les gouvernements tracassiers, précédents ; qui ont ignoré que, en nous comblant de bienfaits inventionnels, de plus en plus multipliés depuis deux siècles, Dieu avait en vue la sainte cause de l'amélioration du sort matériel et moral des prolétaires, sans rien coûter aux classes riches ; au contraire en continuant à les enrichir de plus en plus.

En effet, de la seule branche de l'industrie qui est à naître, et qui n'a pas encore de propriétaire connu, si ce n'est de Dieu seul, le revenu est de 1 milliard après trente ans. Ce revenu serait anéanti par les troubles, par les violences, par les convulsions politiques ; mais désormais étant protégé par l'union, la concorde entre les diverses classes de la société et par une administration formée d'hommes expérimentés et bien rétribués ; ce revenu est aussi certain que le produit du sol ; et les inventeurs reconnaissants de mines et autres découvertes industrielles acquitteront volontiers la petite fraction, 3 centièmes de leur vente ; ce qui formera une caisse populaire dont l'accroissement annuel moyen, de 1 million, suffira à élever peu-à-peu la condition des travailleurs jusqu'au bien-être matériel et intellectuel, et jusqu'à rendre la prospérité de la France l'objet de l'admiration de tous les peuples civilisés.

Le général Cavaignac étant le premier qui ait pu comprendre cet insigne bienfait de la Providence, le seul qui ait eu l'influence de faire rendre d'urgence et par acclamation une loi aussi importante ;

Vive le général Cavaignac, l'ami véritable du peuple ; le négociateur habile de l'alliance entre les classes riches et pauvres !

Je vote pour le général Eugène Cavaignac,

A. MAIZIÈRE,

Ancien capitaine d'artillerie, ancien professeur.

AU GÉNÉRAL CAVAIGNAC

PRÉSIDENT DU CONSEIL EXÉCUTIF DE LA RÉPUBLIQUE.

Général,

Après quinze jours laborieusement employés à la rédaction d'un mémoire destiné à servir votre candidature, et qui aurait exigé des mois avant de me satisfaire : il ne reste plus que dix jours pour utiliser ce travail, qui demeurerait stérile s'il était réduit à mes seuls moyens.

Général, en ce moment critique, j'ose vous adresser ce mémoire dont voici l'idée fondamentale, et les principales idées accessoires qui se développent dans mon opuscule.

I.

Le revenu général de la France est de 9 milliards.

Ses deux éléments, aujourd'hui égaux, sont les produits de l'agriculture et ceux de l'industrie.

L'industrie a deux branches : 1° *l'industrie existante,* dont les propriétaires sont connus, et les propriétés inviolables. 2° *l'industrie à naître,* dont les propriétaires, autres que l'Etat, ne sont connus que de Dieu. Cette branche a jusqu'ici été indignement tyrannisée, opprimée, gaspillée, et détournée de la destination providentielle qu'elle doit prendre sous un gouvernement paternel, éclairé.

Dans la génération dernière notre richesse s'est augmentée de 1 milliard, par le seul fait de *l'industrie inventionnelle*. Cet accroissement ne peut plus être moindre, quand nous aurons des écoles, des livres, des hommes, des encouragements.

Les 3 centièmes de cet accroissement seront payés avec reconnaissance par les inventeurs protégés, qui seront quinze ans plustôt mis en jouissance de leur exploitation; dont la vente annuelle leur produira les 97 centièmes en revenu brut.

Les 3 centièmes de 1 milliard font 30 millions; leur acquisition légale en 30 ans, revient à la moyenne de 1 million par an. Tels sont l'origine et l'accroissement annuel d'une caisse populaire, qui, bien dirigée, peut d'abord encourager les bons ouvriers, et ensuite les amener par degrés au bien-être, et surtout aider aux frais de l'éducation obligatoire de l'enfance prolétaire.

II.

Un décret adopté par la Constituante, portera dans les âmes des prolétaires une *consolation immense*, une *idée d'avenir*, un *dévouement électrique*.

III.

L'idée fondamentale devra être *imprimée soudain* à 50 *mille exemplaires*, envoyée dans toutes les communes, et la lecture recommandée avant le 10.

IV.

Les évêques seront invités à se prononcer. Tous les ecclésiastiques auront à se prononcer et à agir sur les esprits les moins éclairés et sur ceux les plus influents.

V.

Afin de ne pas laisser un seul prélat récalcitrant exposé au reproche de l'abstention, on trouve dans mon

ouvrage la démonstration mathématique de cette
thèse :

« Les maux horribles, qui ont inondé la terre de
» sang et de larmes, pendant 40 siècles, sont les effets
» simplement humains, d'une faute énorme, commise
» dès lors par tous les vivants trop peu éclairés. Au-
» jourd'hui les lumières sont assez avancées pour ci-
» catriser nos plaies les plus envenimées, et, avec le
» temps, extirper les racines du mal moral. Il suffit
» d'un acte de notre libre arbitre uni à notre intelli-
» gence. »

VI.

Vous ne pouvez manquer d'avoir un ami sûr, qui
ait le temps de lire mon mémoire, et les lumières re-
quises pour vous en faire un rapport sommaire.

Si mon idée est utilisée, je crois superflu de mention-
ner mon nom, que je n'écris que dans la crainte de
voir repousser le mémoire, faute d'une signature.

Plus tard si l'on donne suite à mon projet, j'offre
mes services momentanés pour les mesures propres à
la réalisation prompte, économique et complète de son
objet.

Agréez, général, l'assurance de ma haute considé-
ration et de mon dévouement respectueux.

A^d. MAIZIÈRE,

Ancien capitaine d'artillerie, ancien professeur d'école
centrale, de lycée et des pages de l'Empereur.

Reims, Imp. de P. REGNIER.